Agricultura Orgánica

Dona Herweck Rice

※ Smithsonian

Autora contribuyente

Heather Schultz, M.A.

Asesoras

Cindy Brown
Supervisora de horticultura
Especialista en colecciones
Smithsonian Gardens

Tamieka Grizzle, Ed.D.
Instructora de laboratorio de CTIM de K-5
Escuela primaria Harmony Leland

Stephanie Anastasopoulos, M.Ed.
TOSA, Integración de CTRIAM
Distrito Escolar de Solana Beach

Créditos de publicación

Rachelle Cracchiolo, M.S.Ed., *Editora*
Diana Kenney, M.A.Ed., NBCT, *Realizadora de la serie*
Véronique Bos, *Directora creativa*
Caroline Gasca, M.S.Ed., *Gerenta general de contenido*
Smithsonian Science Education Center

Créditos de imágenes: pág.6 National Geographic Creative/Alamy; pág.8 (todas) © Smithsonian; pág.9 (derecha) Vladimir Zhoga/Shutterstock; pág.14 (superior) Fox Photos/Getty Images; pág.15 Denver Post a través de Getty Images; pág.18 Georg Gerster/Science Source; pág.19 (inferior) Jim West/ Science Source; pág.20 (izquierda) Dennis Kunkel Microscopy/Science Source; págs.22–23 Konrad Wothe/Minden Pictures; pág.23 (superior) Aaron Burden; pág.25 (inferior) Scott Linstead/Science Source; todas las demás imágenes cortesía de iStock y/o Shutterstock.

Library of Congress Cataloging-in-Publication Data

Names: Rice, Dona, author.
Title: Agricultura orgánica / Dona Herweck Rice.
Other titles: Organic farming. Spanish
Description: Huntington Beach,CA : Teacher Created Materials, 2022. | Includes index. | Audience: Grades 4-6 | Summary: "Long ago, farmers used natural farming methods. Over the years, people tried different ways of growing food. Some of the methods were not natural. Organic farmers are bringing back old traditions. They are working with nature to grow plants that are strong and healthy"-- Provided by publisher.
Identifiers: LCCN 2021044088 (print) | LCCN 2021044089 (ebook) | ISBN 9781087625270 (paperback) | ISBN 9781087644127 (epub)
Subjects: LCSH: Organic farming--Juvenile literature.
Classification: LCC S605.5 .R52518 2022 (print) | LCC S605.5 (ebook) | DDC 631.5/84--dc23
LC record available at https://lccn.loc.gov/2021044088
LC ebook record available at https://lccn.loc.gov/2021044089

✹ Smithsonian

Teacher Created Materials

5301 Oceanus Drive
Huntington Beach, CA 92649-1030
www.tcmpub.com
ISBN 978-1-0876-2527-0
© 2022 Teacher Created Materials, Inc.

Contenido

¡Comida, gloriosa comida!

Hay pocas cosas en la vida en las que todos piensan cada día. La comida es una de ellas. A lo largo del día, solemos pensar: *¿Qué hay para comer? Me pregunto qué vamos a cenar. Me hace ruido la panza. ¡Mmm, qué bien huele eso! ¡Tengo hambre!*

La comida es necesaria para vivir, pero también puede ser uno de los placeres de la vida. ¡A la gente le gusta la comida sabrosa! Sin embargo, ante todo, un cuerpo sano necesita alimentos **nutritivos**. Por desgracia, muchos de los alimentos que consumimos no son nutritivos. Puede que sean ricos y sirvan de combustible para el cuerpo, pero no nos nutren. Incluso, a veces, directamente hacen mal a la salud.

Con el tiempo, cada vez más personas deciden comer alimentos saludables. Quieren que su comida sea deliciosa y también nutritiva.

Una mujer cuida las lechugas de un huerto.

¡Preparar alimentos saludables puede ser divertido!

Aproximadamente 1 de cada 10 trabajadores de Estados Unidos forma parte de la industria alimentaria.

5

De vuelta a las raíces

Los alimentos que consideramos saludables pueden estar elaborados o cultivados de maneras que no son saludables. Cada vez más personas están preocupadas por este tema. Por eso, algunos investigadores se dedicaron a estudiar cómo es la **agricultura** hoy en día. Compararon los métodos de cultivo actuales con los del pasado. Hoy en día, quienes cultivan alimentos **orgánicos** están volviendo a las raíces de la agricultura.

La historia de la agricultura

La agricultura es una de las industrias más grandes del mundo. Pero la humanidad no siempre la practicó. En la antigüedad, las personas comían lo que encontraban a su alrededor. Eran cazadores-recolectores. Tiempo después, hace miles de años, la gente comenzó a trabajar la tierra.

La agricultura no comenzó en un solo lugar ni con un único grupo de personas. Varios grupos empezaron a cultivar más o menos al mismo tiempo. Los primeros agricultores vivieron en un lugar conocido como el Creciente **Fértil**. Es un territorio muy grande en Medio Oriente. Allí, el suelo es rico y hay mucha agua.

En esta ilustración, se ve a un grupo de agricultores que plantan semillas en el Creciente Fértil.

![]	Creciente Fértil
~	Río

TURQUÍA · SIRIA · LÍBANO · ISRAEL · JORDANIA · EGIPTO · ARABIA SAUDITA · IRAK · IRÁN · TIFLIS · CASPIO · MAR MEDITERRÁNEO · Nilo · Éufrates · Tigris · Lago Van · Lago Sevan · Golfo Pérsico · 150 km

CIENCIAS

El Creciente Fértil

Las plantas necesitan un suelo rico en **nutrientes**. El suelo del Creciente Fértil tiene una gran variedad de nutrientes que permiten el crecimiento de un gran número de plantas. Los **sedimentos** de los ríos que corren en la zona fertilizan el suelo. El clima permite que haya ciclos de cultivo durante todo el año. Un abundante **suministro** de agua aporta el agua que necesitan los cultivos.

Al comienzo, la mayor parte de la agricultura se hacía a mano. Las personas enterraban las semillas en el suelo, arrancaban las malas hierbas y **cosechaban** sin usar máquinas.

Con el paso del tiempo, la humanidad desarrolló herramientas agrícolas básicas. Se empezaron a usar palos y huesos para excavar el suelo. Cuando algunos pueblos aprendieron a trabajar el metal, fabricaron azadas, guadañas y arados. Con esas herramientas, podían hacer más cosas que con las manos. También empezaron a usar animales para ayudar en el proceso de cultivo.

La agricultura siguió así durante miles de años. Casi todas las personas tenían cultivos o vivían cerca de granjas y trabajaban la tierra para alimentar a su familia y a su comunidad. Los nutrientes y el agua de riego venían de la naturaleza. Los agricultores trabajaron en conjunto con la naturaleza para que las plantas crecieran como lo harían de forma natural. Aprendieron a usar procesos naturales para cultivar plantas sanas que, a su vez, también los ayudarían a tener buena salud.

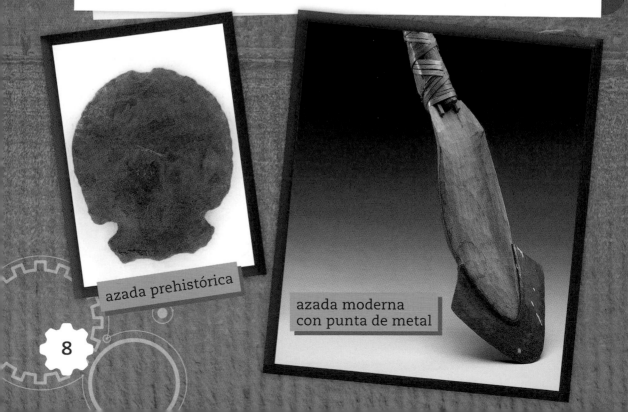

azada prehistórica

azada moderna
con punta de metal

guadaña

machete

¿Qué herramienta usar?

Los machetes y las guadañas se usan para cosechar desde hace mucho tiempo. Debido a su tamaño, su peso y su estructura, cada una de esas herramientas es más fácil de usar a cierta altura. Un machete es una cuchilla ancha y resistente con mango corto. Es mejor para cosechar plantas que crecen hasta la cintura. Una guadaña es una cuchilla en forma de gancho con un palo largo de madera. Es mejor para cortar plantas que están cerca del suelo.

Las bondades de la agricultura

La agricultura se convirtió en una práctica valiosa por muchas razones. Produjo un suministro continuo de alimentos. Ya no era necesario salir a buscar comida ni seguir manadas de animales. Las personas podían cultivar los alimentos y almacenar lo que necesitaran. Gracias a la agricultura, podían tener los alimentos que necesitaban durante todo el año.

La agricultura también permitió a las personas establecerse en un solo lugar. Podían construir casas y crear comunidades. Podían criar animales de granja, como cabras, ovejas y cerdos. Esos animales eran otra fuente de alimento.

Tener un suministro constante de alimentos también les permitió a las personas tener más tiempo libre. Gracias a ese tiempo libre, pudieron mejorar su modo de vida. Se convirtieron en inventores y científicos. Cuando las personas no tienen que luchar para satisfacer sus necesidades básicas, tienen la oportunidad de crecer de distintas maneras.

Un agricultor usa un tractor para jalar un arado.

Este grabado en madera muestra a los primeros granjeros en un granero con vacas.

Se puede hilar $\frac{1}{2}$ kilogramo (1 libra) de lana para hacer ¡cerca de $1\frac{1}{2}$ kilómetros (1 milla) de hilo! Una oveja puede dar hasta 14 kg (30 libras) de lana cada año.

La revolución de los alimentos naturales

Los métodos de cultivo fueron los mismos durante miles de años hasta que aparecieron nuevos inventos. La Revolución Industrial tuvo lugar en el siglo XIX. Comenzó en Inglaterra y se extendió por gran parte del mundo. Se descubrieron maneras de fabricar más productos. Se construyeron máquinas, como la trilladora de trigo, para que los agricultores pudieran cosechar alimentos más rápido. Más personas comenzaron a trabajar en las ciudades y menos se dedicaron a cultivar. Se necesitaba más comida que nunca. Se enviaban alimentos dentro de los países y al resto del mundo.

Para satisfacer esa demanda, se usaron productos químicos que mataban las plagas y hacían que las plantas crecieran más rápido. Cada vez se criaban más animales, a menudo maltratados, como alimento. Se agregaron grasas, azúcares y productos químicos a los alimentos para darles mejor sabor. La comida se volvió menos natural y más **procesada**.

Mucha gente aumentó de peso. Esos alimentos con muchas grasas y azúcares afectaron su salud. Algunos notaron lo que estaba sucediendo. Querían un cambio: volver a la naturaleza y a la comida natural.

gallinas criadas en jaulas

gallinas criadas en libertad

trilladora de trigo

cosechadora de almendras

planta de
cacahuates

INGENIERÍA

La cosecha

Cosechar los frutos de los árboles puede ser complicado. Deben recolectarse sin dañar los árboles ni el alimento. Para resolver algunos de esos problemas, se han creado ingeniosos inventos. Se inventó un dispositivo llamado cosechadora que sacude ciertos árboles para que caigan los frutos. Los árboles no se dañan y los frutos se pueden recoger del suelo.

13

Volver a lo natural

En las décadas de 1960 y 1970 hubo grandes cambios. Se empezó a cuestionar cómo se hacían las cosas. Una de esas cosas era el cultivo de alimentos. Muchas personas querían volver a la antigua forma de cultivo. Querían que los métodos fueran más naturales. Esas personas no tenían trabajos tradicionales. Les decían a los demás que pensaran por

Estas trabajadoras llenan latas con frijoles en una fábrica.

sí mismos en lugar de seguir las reglas de otros. Pensaban que la producción en serie no era una manera saludable de elaborar los alimentos. También pensaban que la forma en que se preparaban algunos alimentos dañaba el medioambiente. Muchos pensaban que era cruel comer animales. Esas personas querían un cambio.

Las dietas vegetarianas se hicieron populares. Se abrieron restaurantes que no servían carne. Algunas personas empezaron a trabajar en conjunto para crear cooperativas de alimentos: grupos en los que las personas comparten los alimentos que cultivan o preparan. De ese modo, había mucha comida saludable para todos.

comidas vegetarianas

Una mujer trabaja en un puesto de comida vegetariana en la Feria Popular del Capitolio de 1979.

Elementos esenciales

Para cultivar alimentos de forma natural, los agricultores deben cambiar su forma de trabajar. En lugar de utilizar fertilizantes artificiales, los agricultores orgánicos deciden usar métodos naturales. En consecuencia, esos cultivos no crecen tanto ni tan rápido como cuando se usan fertilizantes sintéticos. Pero el suelo se mantiene saludable con el paso del tiempo. Los fertilizantes sintéticos ayudan a que las plantas crezcan rápido, pero generalmente no son buenos para el suelo.

Para que el suelo esté saludable usando métodos naturales, los agricultores necesitan un par de cosas. Lo primero: ¡paciencia!

Paciencia

La agricultura orgánica requiere tiempo y dedicación. No hay atajos. Los agricultores deben trabajar para que el suelo esté sano. Las plantas deben crecer de forma natural, sin productos químicos. Gran parte del trabajo debe hacerse a mano. Los animales de granja necesitan espacio para moverse. Hay que cuidarlos de manera compasiva. Además, hay que rotar los cultivos y usar compost, una mezcla de plantas muertas. Todo eso requiere paciencia.

Un agricultor está de pie en un campo de trigo.

Estos brotes crecen en un suelo sano.

La agricultura orgánica no es una agricultura libre de químicos. Hay más de 20 productos químicos que cumplen con los Estándares Orgánicos de Estados Unidos y se utilizan en los cultivos orgánicos.

Rotación de cultivos

La rotación de cultivos es el proceso por el cual los agricultores cambian los cultivos de sus campos siguiendo un orden especial. Por ejemplo, si un agricultor tiene tres campos, puede cultivar zanahorias en el primero, habichuelas verdes en el segundo y tomates en el tercero. El año siguiente, cultivará las habichuelas verdes en el primer campo, los tomates en el segundo y las zanahorias en el tercero. El tercer año, los cultivos vuelven a rotar. El cuarto año, los cultivos vuelven a su orden original. Cada cultivo nutre el suelo y lo prepara para el siguiente. Ese tipo de agricultura es **sostenible** porque mantiene la salud del suelo.

Cuando se siembra el mismo tipo de cultivo una y otra vez, se agotan todos los nutrientes del suelo, y aumentan las plagas y las enfermedades que atacan a ese cultivo. Ese tipo de agricultura no es sostenible. El suelo puede volverse estéril. En un suelo estéril, es más difícil o incluso imposible que crezcan cultivos.

rotación de cultivos

invernaderos tipo túnel

ARTE

Invernaderos tipo túnel

El Departamento de Agricultura de Estados Unidos ofrece planes de ayuda para la agricultura orgánica. Es decir, ¡planes para construir invernaderos! Los invernaderos tipo túnel captan la energía solar. El diseño en túnel permite extender la temporada de cultivo una vez terminado el verano. Gracias a los túneles, ¡se pueden tener productos frescos hasta bien entrado el invierno!

Dos estudiantes plantan cebollas en un invernadero tipo túnel.

Compost

El compost es un fertilizante producido por la naturaleza. Las plantas **se descomponen** en su ambiente natural. Así, sus nutrientes vuelven al suelo. Entonces, pueden nutrir nuevas plantas.

Los agricultores hacen compost con capas de materia vegetal muerta. Revolver las capas ayuda a crear un buen fertilizante. El compost puede distribuirse entre las hileras de plantas y mezclarse con el suelo. Sirve para cuidar la salud del suelo. Si el suelo está sano, las plantas también.

Los **microorganismos** del suelo y el compost trabajan sin parar. ¡Esas diminutas formas de vida están siempre ocupadas! Descomponen la materia vegetal. **Airean** el suelo. Sin ellas, las plantas no podrían crecer. Los microorganismos del suelo también son **diversos**. De hecho, son más diversos que los seres vivos de cualquier otro ecosistema. Esa variedad es importante. Ayuda a crear un equilibrio saludable en el ecosistema. Si hay diversidad, todos los seres vivos reciben lo que necesitan. El compost ayuda a cuidar la diversidad del suelo.

microorganismos

compost para el suelo

En esta ilustración, se ven lombrices que airean el suelo.

Suelen usarse lombrices para hacer compost. A medida que se mueven por la tierra, las lombrices crean túneles por donde pueden pasar el aire y el agua.

La tarea de los insectos

En todo ecosistema sano, hay una variedad de seres vivos. Se necesitan unos a otros para sobrevivir y prosperar. Muchos insectos pueden dañar las plantas. Pero las plantas necesitan la ayuda de ciertos insectos para crecer bien. Para que los cultivos crezcan mejor, los agricultores pueden sembrar plantas que atraen insectos beneficiosos. Una parte de una granja orgánica saludable debe reservarse para atraerlos.

Los insectos beneficiosos pueden agruparse en tres categorías principales. La primera categoría son los polinizadores. La segunda, los depredadores. Y la tercera, los parásitos. Cada grupo tiene su propio lugar en una granja orgánica.

Polinizadores

Los polinizadores son esenciales para las plantas. Transportan el polen. El polen ayuda a las plantas a producir semillas. A su vez, las plantas proporcionan alimento a los insectos. Se ayudan unos a otros.

Uno de los polinizadores más importantes son las abejas. Sin ellas, gran parte de las plantas de la Tierra desaparecerían. ¡Son importantísimas!

una abeja cubierta de polen

22

Una abeja recolecta polen de una flor.

MATEMÁTICAS

Equilibrio de nutrientes

Las plantas necesitan nutrientes para crecer. Los agricultores orgánicos pueden analizar el suelo para medir los niveles de nutrientes. Luego, pueden agregar exactamente lo que necesita cada cultivo. Si hay muy poca cantidad de algún nutriente, se puede solucionar usando compost y aditivos para el suelo.

Depredadores

Los insectos depredadores son como cualquier otro depredador. Matan a sus presas. Esos insectos pueden ser bastante útiles para combatir las plagas. ¡Hasta pueden convertirse en los mejores amigos de un agricultor orgánico!

En la agricultura, la catarina es un depredador importante. Puede deshacerse de los pulgones que atacan a los cultivos. Los pulgones beben los fluidos de las plantas y pueden matarlas. Las catarinas se alimentan de pulgones. Una sola catarina puede matar a miles de pulgones a lo largo de su vida. ¡Con razón muchos creen que las catarinas traen buena suerte!

Parásitos

Los parásitos utilizan plagas para alimentar a sus crías. Las crías viven de los insectos capturados. Los parásitos incluso almacenan plagas para alimentar a sus crías a medida que crecen.

Por ejemplo, las avispas parasitoides comen insectos dañinos para los cultivos. Prestan un gran servicio a los agricultores.

Recurriendo únicamente a los insectos beneficiosos, un agricultor puede evitar usar productos químicos para matar a las plagas. Las plagas se controlan de forma natural.

Estas larvas de avispa se alimentan de un insecto.

Una avispa recolecta comida para sus crías.

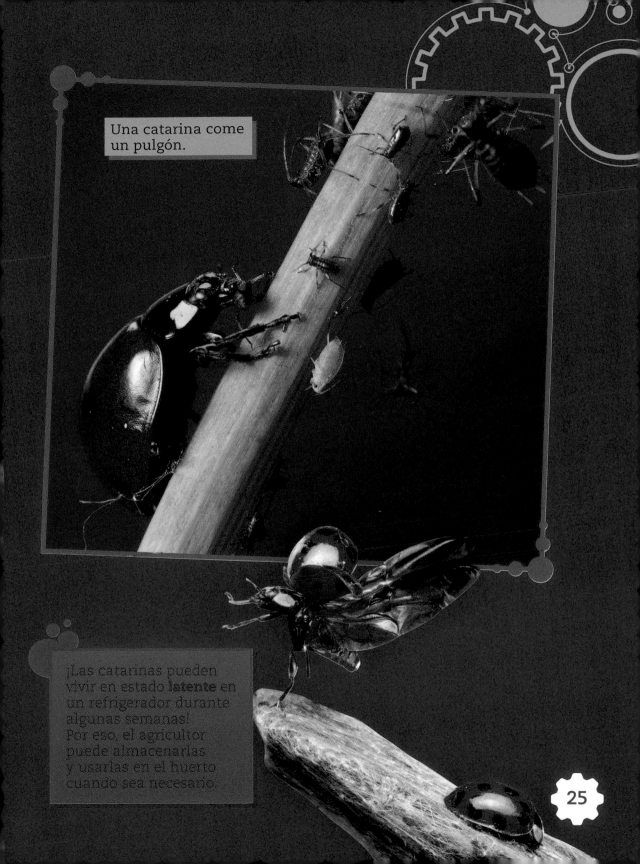

Una catarina come
un pulgón.

¡Las catarinas pueden
vivir en estado **latente** en
un refrigerador durante
algunas semanas!
Por eso, el agricultor
puede almacenarlas
y usarlas en el huerto
cuando sea necesario.

Una sabia decisión

No olvides que todos los seres vivos y las cosas sin vida están conectados. Cada cosa en la Tierra puede afectar las demás y también puede verse afectada. Lo que está en el aire afecta a quienes lo respiran. Lo que está en el agua afecta a quienes la beben. Lo que está en el suelo afecta a los alimentos que crecen allí. Y lo que está en cada planta y animal afecta a quienes los comen.

Entonces, quizá tenga sentido que las cosas crezcan de forma natural. Los agricultores llevan miles de años cultivando plantas orgánicamente, y las plantas están prosperando. Hoy, los agricultores orgánicos cultivan a mano y cuidan la salud del suelo con la rotación de cultivos. Parecerá difícil, pero tú también puedes cultivar alimentos orgánicos. Así, sabrás sin lugar a dudas que estás comiendo la mejor comida posible. La agricultura orgánica mantiene saludables a las plantas, los animales y el suelo. Pero también es saludable para las personas. Por eso, no dudes en plantar frutas y verduras, y recuerda: ¡escoge lo orgánico!

La agricultura orgánica es natural, ¡pero no es barata! Esos alimentos a veces cuestan mucho más dinero que los producidos en serie.

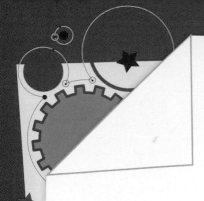

DESAFÍO DE CTIAM

Define el problema

El club de horticultura de tu escuela tiene problemas para sembrar cultivos orgánicos en el invierno. Les han pedido a los estudiantes que presenten soluciones posibles. Crea una estructura modelo que proporcione condiciones seguras para que crezcan los cultivos durante el invierno.

 Limitaciones: La longitud, el ancho y la altura de tu modelo deben ser de 0.75 metros (2.5 pies) como mínimo y 1 metro (3 pies) como máximo.

 Criterios: La estructura protectora debe dejar pasar la luz del sol, incluir una entrada y resistir una prueba de viento de 30 segundos.

1 Investiga y piensa ideas

¿Cuáles son las necesidades básicas de los cultivos?
¿Cómo satisface tu estructura esas necesidades?
¿Cómo puedes hacer que tu estructura sea estable?

2 Diseña y construye

Bosqueja tu diseño. ¿Cuáles son los materiales que
mejor funcionarán? ¿Qué propósito cumple cada
parte? Construye el modelo.

3 Prueba y mejora

Preséntales tu diseño a tus compañeros para evaluar
los dos primeros criterios. Usa un ventilador grande
para realizar una prueba de viento de 30 segundos.
Escucha opiniones. ¿Tu modelo cumple con todos
los criterios? ¿Cómo puedes mejorarlo? Modifica tu
diseño y vuelve a intentarlo.

4 Reflexiona y comparte

¿Cómo puedes hacer que tu estructura sea atractiva?
¿Tu modelo servirá para producir cultivos en todas
las condiciones meteorológicas?

Glosario

agricultura: la ciencia o el oficio de plantar cultivos

airean: agregan aire o gas a algo

compasiva: amable y respetuosa

cosechaban: reunían o recogían

diversos: variados o diferentes

fértil: un tipo de suelo que produce mucho

latente: un estado en el que un ser vivo está inactivo pero puede volver a estar activo

microorganismos: seres vivos diminutos que solo se pueden ver con un microscopio

nutrientes: sustancias que los seres vivos necesitan para vivir

nutritivos: que brindan lo necesario para tener buena salud y crecer

orgánicos: cultivados o hechos naturalmente

procesada: producida en grandes cantidades usando maquinaria

producción en serie: método que se utiliza para producir bienes en grandes cantidades

se descomponen: se convierten en partes pequeñas y se destruyen poco a poco mediante procesos naturales

sedimentos: materiales (como piedras, arcilla y arena) que se asientan en el fondo de un líquido

sintéticos: elaborados mediante la combinación de diferentes sustancias artificiales

sostenible: hecho de modo tal que puede seguir existiendo; fácil de mantener

suministro: la disponibilidad de algo

vegetarianas: que no contienen carne

Índice

¿Quieres administrar una granja?
Estos son algunos consejos para empezar.

"Los Victory Gardens son huertos que se crearon durante la Primera y la Segunda Guerra Mundial para ayudar a alimentar a la gente. Hay uno en el Museo Nacional de Historia Estadounidense. Es un lugar donde la gente puede hablar sobre los alimentos orgánicos y aprender a cultivarlos. Investiga qué tipos de frutas y verduras crecen bien donde tú vives. Luego, trata de plantar algunas. Así, aprenderás a cuidar los cultivos. Además, ¡podrás comer bocadillos saludables cuando quieras!".
—*Susan Evans, directora del Programa de Historia de los Alimentos*

"Administrar una granja es como ser presidente de una empresa. Debes aprender sobre finanzas y marketing. También debes aprender sobre el clima, las ciencias de la Tierra, química y biología". —*Cindy Brown, supervisora de horticultura, especialista en colecciones*